Lk 200.

# MÉMOIRE

lu à la séance du 2 Juillet 1854,

DES

## ASSISES SCIENTIFIQUES

DE L'INSTITUT DES PROVINCES, EN RÉPONSE

A CETTE QUESTION :

*Quelle est l'histoire chronologique des jardins et des plantations d'agrément qui ont existé dans la circonscription ? N'est-il pas regrettable de voir substituer des jardins modernes, dits à l'anglaise, aux avenues et aux anciennes plantations qui entourent les châteaux des XVIe et XVIIe siècles ?*

Messieurs,

Je suis heureux que, parmi les graves questions que les sciences et les arts ont déjà fournies, et dont vous venez d'entendre la savante discussion, il ait été réservé une place à un sujet plus modeste, digne toutefois de votre attention et de votre intérêt, s'il fût tombé entre des mains plus expérimentées. Le dessin des jardins et des plantations d'agrément rentre à bon droit dans le domaine de l'art, et a paru exiger des qualités assez rares, pour que la renommée retînt les noms de ceux qui s'y sont distingués. Il me sera donc permis d'offrir à une réunion d'hommes cultivés le résultat de quelques recherches sur l'histoire de ces plantations séculaires qui ont abrité souvent leurs paisibles promenades ou leurs solitaires méditations.

A ce titre, sans doute, le premier rang appartient à la Hotoye.

A l'époque la plus lointaine où nous puissions remonter, au XIV<sup>e</sup> siècle, l'emplacement de la Hotoye n'offre qu'un bois et des marais. Une femme sortie d'une famille considérable, MARIE DE LA HOTOYE, concède à la ville d'Amiens ce terrain « pour égaudir la jeunesse. ». Telle est du moins la tradition, qui est justifiée par l'autorité du R. P. Daire, l'ancien historien d'Amiens (1) mais il faut ajouter que M. H. Dusevel (2) a cherché vainement l'acte de donation dans les anciens cartulaires de la ville. Quoi qu'il en soit, le bois est défriché, et converti en une simple héronnière. On y élevait encore des hérons en l'année 1457. Au siècle suivant, en 1578, la bourgeoisie représente au corps de ville que ce terrain est très propre à être planté, et qu'il serait très facile d'en faire une belle promenade. En effet, la même année, on y plante des ormeaux. Mais ce n'est qu'en 1678 que la plantation est achevée par les soins de Louis du Fresne, premier échevin d'Amiens. Parmi tous ces ormeaux s'élevaient quelques frênes, malheureux homonymes du vénérable magistrat. Je ne sais quel mauvais plaisant s'avisa de dire qu'il se trouvait là au milieu de

---

(1) Histoire de la ville d'Amiens, 1757. — T. I. p. 470.

(2) Histoire de la ville d'Amiens, 1848, 2<sup>e</sup> édit. — VI<sup>e</sup> époque, ch. I. p. 350.

son peuple. Le mot fit fortune, l'échevin se fâcha, et les frênes, innocent prétexte de cette irrévérence, furent condamnés et abattus.

La Hotoye subit d'autres vicissitudes que les conséquences imprévues d'un mauvais jeu de mots. On en rehaussa le sol; on l'entoura de fossés; on l'agrandit. Enfin, en 1742, on conçut un nouveau plan, plus heureux que le premier : le grand bassin fut creusé, et M. Chauvelin, alors intendant de la province, fut chargé de transformer l'ordonnance de cette promenade qui devint, en 1738, ce que nous la voyons aujourd'hui. Je sais que la tradition et quelques livres (1) attribuent le dessin de cette promenade à Lenôtre. J'avertis seulement que les histoires d'Amiens ne citent pas son nom, et qu'à l'époque où l'on arrêta ce nouveau plan, Lenôtre était mort depuis 42 ans. Du moins, la Hotoye fut-elle dessinée d'après les règles ou les exemples qu'il avait laissés.

Elle grandissait, et ses beaux arbres, déjà sexagénaires, se développaient dans toute leur majesté ; arrivée à son plus haut degré de splendeur, elle se couronnait d'une épaisse verdure. C'était alors que Gresset, qui avait pour ces belles avenues une prédilection particulière, y allait méditer peut-être les malices de *Vert-Vert*. A ce moment elle commença à languir; ses arbres dépérirent et moururent. En 1823, il fallut tout abattre, et l'on se mit à délibérer sur ce qu'on ferait de ce terrain vide.

Les idées qu'on émit à ce sujet ne furent pas, il faut l'avouer, toutes heureuses. L'esprit industriel put-il assez étouffer le goût et obscurcir le jugement; y eut-il vraiment des utilitaires assez mal inspirés pour qu'on songeât à faire de la Hotoye une vaste tourbière ? Mais les citoyens éclairés l'emportèrent; tout le monde ne fut pas disposé

---

(1) Biographie universelle, art. Lenôtre.

à sacrifier un des ornements de la ville aux avantages d'une exploitation insalubre ; et l'on se priva des revenus d'une eau stagnante et corrompue pour l'agrément d'une magnifique promenade. La Hotoye fut sauvée, on la recréa sur l'ancien plan. Elle venait à peine de tomber, elle se releva rajeunie, et un poète put dire :

» L'Hautoye, au port superbe, au front chargé d'ombrage,
» Si noble quand les vents luttaient dans son feuillage,
» Vieillissait, et déjà ses ormes sillonnés
» Courbaient vaincus des ans, leurs sommets couronnés.
» Voyez la reverdir, et, fraîche adolescente,
» Sourire en étalant sa beauté renaissante. (1) »

Si, au sortir de la Hotoye, nous suivons les bords de la Somme, nous rencontrons bientôt un autre jardin, que j'ose à peine, à cause de sa funèbre destination, placer à la suite d'un lieu d'agrément, mais que je regretterais de passer sous silence : je veux parler du cimetière de la Madeleine.

Il faut remonter jusqu'au temps des croisades pour en retrouver l'origine (2). Un homme dont cette ville peut, à bon droit, opposer la profonde érudition à des renommées plus bruyantes, M. Vion, nous a retracé, Messieurs, dans son intéressante histoire de Pierre l'Hermite (3), le

---

(1). Vers cités par M. H. Dusevel. — Lettres sur le département de la Somme, 3ᵉ édition p. 277.

(2) Le R P. Daire, Histoire de la Ville d'Amiens, t. II, p. 353. — T. I, p. 473. — H. Dusevel, Histoire d'Amiens, 2ᵉ édit. p. 548. — H. Dusevel et P. A. Scribe, Description hist. et pitt. du Départ. de la Somme, t. II, p. 43.

(3) Pierre l'Hermite et les Croisades, ou la Civilisation chrétienne au Moyen-Age, par M. Vion. 1853.

mouvement d'enthousiasme de cette époque. La Picardie ne fournit pas seulement un héros de prédication, elle envoya encore de nombreux soldats en Terre-Sainte. Mais les Croisés lui rapportèrent de l'Orient une affreuse maladie, la lèpre; et, vers la fin du XI<sup>e</sup> siècle, il fallut établir la *Maladrerie de Saint-Ladre*, ou *Maladrerie de la Magdeleine*. Ce lieu était destiné à être une lugubre retraite. Dès cette époque, asile d'hommes morts au monde, cimetière de vivants, on ne rencontrait à ses abords que les malheureux enveloppés de leurs *housses*, qui, du bruit de leurs *cliquettes*, avertissaient les passants de fuir leur approche. La force du fléau s'usa, et la Maladrerie fut probablement abandonnée.

Mais il était dit que ce lieu devait attester à toutes les générations les misères humaines! L'ancienne ladrerie devint, en 1665, un hôpital pour les pestiférés. Puis les nouvelles constructions cessèrent d'abriter des malades; en l'année 1750, la Magdeleine n'était plus qu'une ferme. C'est alors qu'on songea à lui donner la destination qu'elle a aujourd'hui. Ce projet, proposé dès l'année 1685, puis abandonné, fut repris treize ans après. Mais nous sommes alors en pleine révolution, en l'an VI de la liberté. L'esprit hardi de cette époque porte partout son empreinte. La révolution aimait à emprunter à l'antiquité des noms illustres, fussent-ils quelque peu païens. Il fallut que le nouveau cimetière portât le titre de *Champs-Elysées*; et par respect pour « la simplicité et l'égalité républicaines ». On décida qu'il aurait pour unique ornement des allées sombres, et des arbres toujours verdoyants, d'un aspect sévère (1). Mais ce projet, présenté alors pour la troisième fois devait être une troisième fois abandonné, pour

---

(1) Reg. aux délibérations de l'an IV. Fol 144.

être repris une quatrième, en 1807, et rencontrer encore de puissants obstacles. Enfin, sous la Restauration le errain de la Madeleine fut définitivement converti en cimetière commun, et béni le 20 juillet 1817.

Vous savez comme moi, Messieurs, quel goût présida à ces nouvelles plantations. L'heureux usage qu'on a su faire des accidents du sol, les beaux ombrages qui protègent le repos des tombes, donnent à ce cimetière une physionomie imposante et inattendue. C'est une retraite silencieuse, dont rien ne vient troubler le calme et la majesté. D'épais rideaux de peupliers dérobent cet asile à la curiosité profane, et protègent la paix des tombeaux contre l'agitation du dehors. Ces allées, riantes encore, mais sombres, semblent un passage naturel des dernières habitations d'une grande ville au séjour de la mort. Lorsque vous êtes entré sous ces voûtes de verdure, lorsque déjà les bruits du chemin n'atteignent plus vos oreilles, vous rencontrez, au détour d'une allée, une plaine où les pierres funèbres reposent dispersées sur le gazon. Aussi l'aspect de ce lieu est-il austère, sans être pénible ; les pensées y sont tristes et recueillies, sans être amères, parce qu'on ne sent pas, au milieu de ces ombrages si libéralement distribués, la main avare de l'homme disputant la place à des cendres. La vue des arbres console de la vue des tombes. Et, pour citer ici les paroles d'un enfant d'Amiens, M. Ch. Caron, qui fut professeur dans cette ville, (comme j'ai l'honneur d'être) : « Le murmure
» plaintif en quelque sorte, les sourds gémissements que
» tous ces arbres font entendre quand la brise agite légè-
» rement leur feuillage, semblent faits pour accompagner
» des tombeaux, et pour entretenir dans le cœur de ce-
» lui qui parcourt ces lieux funèbres une religieuse mé-
» lancolie. Cette nature vivante, au milieu des dépouilles
» muettes de la mort, présente un contraste qui frappe

» vivement l'imagination (1). » Hélas! faut-il ajouter que ce jeune homme, peu de temps après avoir offert à sa ville natale le fruit de sa précoce érudition, allait prendre sa place dans cette dernière demeure qu'il avait si poétiquement décrite!

Quand on a cité la Madeleine et la Hotoye, on n'a pas énuméré tous les jardins de la ville d'Amiens. Je dirais un mot du Jardin-des-Plantes, si je ne sentais qu'il intéresse moins l'art que la science. Quant aux boulevards qui entourent la ville, leur histoire n'est pas longue. On sait que de 1801 à 1805, les remparts détruits et les fossés comblés cédèrent la place de fortifications désormais inutiles à un nouvel embellissement.

Amiens n'est pas la seule ville qui ait ainsi sacrifié une défense à une parure. A Doullens également, les remparts nivelés sont devenus d'agréables promenades.

Abbeville aussi possède sa promenade publique. En 1828, on consacra à la *Foire de Notre-Dame*, dite depuis *Foire de la Madeleine* qui n'avait cessé de se tenir à Abbeville depuis le moyen âge, le vaste local, entouré de murs et garni de belles allées, où les habitants viennent jouir du soleil et de l'ombre, au son des fanfares de la musique militaire (2).

Ils peuvent encore prolonger leur promenade sous la longue avenue de l'Heure. C'est là qu'en l'année 1463, on voyait la figure solitaire et inquiète de Louis XI, alors qu'il s'occupait de faire apporter à Abbeville les 400,000 écus que Charles VII, son prédécesseur, s'était obligé

---

(1) Guide de l'étranger dans Amiens, 1832. — Art. la Madeleine.

(2) F. C. Louandre, histoire d'Abbeville et du comté de Ponthieu, t. 1, p. 385.

de payer au duc de Bourgogne pour le rachat des villes engagées par le traité d'Arras.

Le souvenir de Louis XI nous conduit à une autre ville du département, à Péronne. Mais ce n'est pas du sombre château de Péronne que je veux parler. Je voudrais rappeler votre mémoire sur un site plus riant, sur ces beaux jardins, qui, à mille pas de la ville, aux bords de la Somme, au pied du *Mont des Cygnes*, offrent les avantages réunis d'une agréable promenade, d'une vaste perspective, et des souvenirs historiques les plus imposan's. C'était sur le haut de cette colline que s'élevait l'antique abbaye de *Saint-Quentin-du-Mont*, fondée par Dagobert, où germa peut-être la pensée d'une des plus grandes entreprises humaines, où Pierre l'Hermite et Godefroi de Bouillon se rencontrèrent et s'échauffèrent mutuellement à l'idée de cette audacieuse expédition, dont l'un devait être la tête et l'autre le bras (1). Faites quelques pas, et l'on vous montre la maison où naquit un chansonnier, un fils de Voltaire, l'illustre Béranger. Quelle distance franchie dans l'histoire ! Mesurez l'abîme qui sépare la frénésie religieuse du moyen-âge du scepticisme ironique du XIX$^e$ siècle ! D'ici là, que de croyances éteintes, que de dogmes nouveaux ! Ici l'école de l'apôtre des croisades ; là le berceau de celui qui chansonna les rois.

Mais je m'oublie, Messieurs, et je reviens.

Je ne dois pas perdre de vue que l'objet de cette réunion est surtout de signaler et d'apprécier ce qui, depuis la dernière session, ou dans ces dernières années, s'est fait de nouveau dans la circonscription. Que s'est-il donc fait de nouveau en fait de jardins ? Messieurs, on ne s'est pas borné à entretenir les anciens. Le chemin de fer de

---

(2) V. M. Vion, Pierre l'Hermite, II$^e$ partie, chap. 3, p. 196.

Boulogne, en creusant sa voie au pied des boulevards, avait laissé sur sa droite des talus que l'on a eu l'heureuse idée de convertir en jardins.

Déjà, il y a trois ans, une partie de ces jardins, dus au goût de MM. Lequet et Duflos, ont été livrés à la circulation; et nous pouvons, au milieu de ces bouquets d'arbres ingénieusement disposés, parmi les accidents du sol, et dans les détours artificieux de ces allées, perdre un instant de vue les limites étroites de ce petit coteau; à moins qu'un sifflement aigu, et le sillon de vapeur blanche qui court à notre horizon, vienne nous rappeler subitement que nous ne sommes pas dans une vallée suisse. Un nouveau jardin a été depuis quelques semaines ajouté aux anciens. Comme les autres il est tracé avec cet art de tromper, qu'on permet à ceux qui travaillent pour nos plaisirs. Il est vrai que la nature ne seconde pas encore l'illusion; mais on la prévoit. Ces tiges maigres qui dessinent, au milieu des pelouses, le plan du jardin sont comme ces traits que l'artiste jette dans un croquis. L'ébauche fait pressentir l'effet du tableau. Amiens présentera bientôt au visiteur le double attrait du jardin français et du jardin anglais.

Hélas! faut-il l'avouer? c'est le jardin anglais qui aura le plus souvent les honneurs de sa promenade. Le jardin français s'en va, avec la tragédie classique. Est-ce à tort ou à raison? Et, si c'est à tort, à qui la faute? C'est la faute de bien des grandes causes qui ont produit ce petit effet; c'est la faute de la révolution, c'est la faute de la philosophie, c'est la faute de J.-J. Rousseau et de Voltaire.

   On ne s'attendait guère,
  A voir Voltaire en cette affaire.

Et pourtant!... permettez, moi :

C'est au XVI<sup>e</sup> siècle, c'est surtout au XVII<sup>e</sup>, que fleurit dans toute sa pompe le jardin français. Un homme de génie, qui ne se croyait qu'un jardinier, avait mis au service du Roi ses conceptions grandioses. Il fallait un Lenôtre pour tracer à un Louis XIV le parc d'un palais que peindrait un Lebrun. Il fallait que, sous un tel règne, tout respirât la majesté du maître. Et certes, quand du haut de la terrasse de Versailles, on plonge ses regards sur cet immense jardin dont les plans symétriquement subordonnés s'étaient et se développent dans une imposante harmonie, il semble qu'on ait sous les yeux le symbole de la majestueuse hiérarchie de la cour du grand Roi. Tous les jardins du temps imitèrent Versailles. Le château de Vaux avait été tracé par Lenôtre ; ce fut lui qui tailla les quinconces de Clagny, de Chantilly et de Saint-Cloud, qui dessina le parterre du Tibre à Fontainebleau, et les Tuileries, qui créa les merveilleuses terrasses de Meudon et de Saint-Germain ; ce fut lui enfin, s'il faut en croire la tradition, qui vint porter son cordeau dans les allées de la Hotoye.

Un fou, qui avait fait de charmantes comédies, et qu avait épousé sa blanchisseuse pour lui acquitter sa note, Dufresny, vint déranger ce bel ordre. Lenôtre taillait, alignait, aplanissait. Dufresny demanda les terrains les plus inégaux. Le nouveau genre plut ; et, comme Lenôtre travaillait encore, Dufresny traçait les parcs de l'abbé Pajot, de Mignaux, du faubourg St-Antoine. Voilà quelle fut la première dissidence. Ce fut surtout au siècle suivant que l'hérésie fit des progrès.

Les regards commençaient à se porter sur l'Angleterre. Voltaire, par ses *Lettres Anglaises*, avait fait connaître aux français le gouvernement de leurs voisins, et avait répandu le goût de leurs institutions.

Il montrait :

..... Dans les champs qu'arrose la Tamise,
La liberté superbe au pied du trône assise (1).

Le Mercier, dans son *Tableau de Paris*, adressait au peuple anglais une sorte d'hymne enthousiaste : « O bra-
» ves anglais, peuple généreux..... vous représentez au-
» jourd'hui presque seuls pour le genre humain, vous sou-
» tenez la dignité du nom d'homme...La raison humaine a
» trouvé chez vous un asile d'où elle peut instruire l'uni-
» vers » (2).

Voilà comme on parlait alors des Anglais. Et comme c'est une loi de ce monde que toute idée nouvelle pénètre partout, descende partout, et se traduise par les faits les plus insignifiants en apparence, l'anglomanie s'insinua jusque dans les modes. Le même Le Mercier nous dit : « C'est aujourd'hui un ton parmi la jeunesse de copier » l'anglais dans son habillement (3). » Les vêtements devenus anglais, les jardins pouvaient bien l'être.

Nul doute qu'il n'y eût, dans cet engoûment pour l'Angleterre, une secrète pensée de réaction contre la monarchie absolue de Louis XIV. Les parcs qui entouraient les palais royaux souffrirent du même ressentiment. Le système de liberté s'introduisit là comme ailleurs. On s'ennuyait de la raideur de la règle, et ce fut l'esprit novateur qui bouleversa les rangées d'ifs et les charmilles.

Joignez à cela qu'on commençait alors à introduire dans nos climats une grande quantité d'arbres exotiques dont le feuillage irrégulier et capricieux contrariait la ligne droite, et répugnait à rentrer dans les cadres impitoyables des parterres géométriques.

Mais le système de Lenôtre avait encore un plus terrible ennemi. Reportez-vous, Messieurs, à l'époque où

---

(1) Voltaire, épitres, — à mon vaisseau, 1768.
(2) Tableau de Paris, 1783 — T. II., ch. 89. Gêne de la presse.
(3) T. v. ch. 83.

J.-J. Rousseau passionnait les marquises et les petits-maîtres pour ses ouvrages, où l'on s'arrachait, dans les salons, le *Discours à l'Académie de Dijon*, l'*Emile* et le *Contrat social*. C'était alors qu'on s'écriait en chœur que les sciences et les arts étaient les corrupteurs des mœurs. C'était alors que les dames philosophes, le visage plaqué de rouge et de blanc, ne voulaient plus entendre parler que de l'homme primitif, et s'attendrissaient, derrière leurs éventails, au seul nom de la nature. L'état de nature! C'était là le mot du jour; c'était le cri de ralliement. Que faire dans ce bel enthousiasme? Aller chercher la nature loin de la ville; s'abandonner, sous une ruine, au fond d'une vallée, au mouvement de sa sensibilité. Chacun voulut faire ses *promenades d'un rêveur solitaire*. Ne croyez pas pourtant que Paris fût devenu vide. Comme, quand on a rêvé, il faut quelqu'un à qui on revienne le dire, on se communiquait, l'hiver, ses impressions. Et alors quelle tendresse pour les déserts, les rochers et les torrents! Bernardin de Saint Pierre et Buffon venaient encore renforcer l'amour des forêts vierges.

Le premier effet de cet engoûment, fut une imitation très peu naturelle de la nature. On était à la recherche de l'homme primitif. Où trouver l'homme primitif? Les sauvages eurent quelque vogue. *Alzire* avait donné l'exemple. A *Fernand Cortez*, on applaudit les imprécations du grand-prêtre contre la civilisation européenne (1); on pleura sur la *Veuve du Malabar*. Vous vous

---

(1) Le grand-prêtre à Cortez :

. . . . . . . . . . . . . . . . . . . . .
Puisse l'or, chez les tiens de ta soif embrasés,
Reporter tous les maux que tu nous as causés,
Désunir alliés, parents, peuples et princes,
Rendre incultes vos champs, dévaster vos provinces,
Et faire enfin régner partout l'impunité,
L'injustice, la fraude et l'inhumanité!
          (*Piron, Fernand Cortez, acte III, sc. 4.*)

rappelez, dans la *Chaumière Indienne*, ce paria qui en remontre à un docteur anglais : « Ma pagode (dit le paria), c'est la nature ; j'adore son auteur au lever du soleil, et je le bénis à son coucher. Instruit par le malheur, jamais je ne refuse mon secours à un plus malheureux que moi..... — Dans quel livre avez-vous puisé ces principes ? demanda le docteur. — Dans la nature, répondit l'Indien, je n'en connais point d'autre. »

Mais les sauvages n'étaient pas accessibles à tout le monde. On se rabattit sur les paysans. Je n'ai pas besoin de vous rappeler, Messieurs, quelle fut cette manie bucolique dont Fontenelle était le premier coupable. Vous savez ce que produisit cet incroyable mélange de naïveté pastorale et de coquetterie citadine, rusticité mignarde, bergerie-Pompadour; alors que Florian, Danchet et Fabre d'Eglantine soufflaient dans leurs musettes ; alors que l'Opéra-Comique prodiguait ses rubans pour attifer les paysans du *Devin du village*, de *Jeannot et Colin*, de *Blaise et Babet*; alors que les disciples de Watteau, de Boucher et de Lancret enluminaient de leurs éternels moutons ces innombrables panneaux qui encombrent aujourd'hui les greniers ; alors que la poésie, la musique et la peinture luttaient pour embellir ces absurdes mannequins d'églogue, tout luisants de fard et de blanc, affublés de jupes à panier et de nœuds roses, chargés enfin de l'attirail indispensable, la houlette, le chapeau de paille et les pipeaux.

Au milieu de ce beau zèle pour la nature, pour la rêverie sentimentale, pour les mœurs villageoises, pour la liberté anglaise, et même pour les sauvages, figurez-vous qu'on trace un jardin. Qui aura le courage de couper encore des plates-bandes à l'équerre, et de ranger des boulingrins dans leur irréprochable alignement ? Plus de charmilles et de terrasses ! Honte à ceux qui taillent les arbres ! Donnez-nous des collines et des hameaux, bâtissez-nous des ruines, faites-nous des déserts pour rêver ! Et l'on se mit à faire des déserts, témoin celui d'Ermenonville où Rousseau erra souvent parmi les rochers rapportés. On construisit des grottes, on creusa des ruisseaux, on éleva des collines.

Sur un coteau, on put contempler les ruines d'un temple grec; au détour d'une allée on rencontra la cabane de Paul et Virginie, on découvrit une urne au milieu des cyprès. Et, pour compléter les plaisirs des âmes sensibles à chaque pas, sur ces tombeaux, sur les hermitages, sur les colonnes tronquées, vous lisez des sentences philosophiques, des inscriptions morales, qui ne vous permettent pas de vous méprendre sur le sentiment qu'il faut montrer. « On ne vous permet pas de penser tout seul, comme » dit M. Vitet, on vous souffle vos sentiments. Autan » vaudrait que le propriétaire vînt vous tirer par la man- » che, et vous dire : C'est ici que l'on rêve, Monsieur ; » auprès de ce petit ruisseau, vous aurez la bonté de » soupirer, et, quand nous serons au torrent, vous aurez » de l'enthousiasme » (1).

On s'attend bien que les chaumières embelliront ces nouveaux jardins; nous aurons « des villages sans habi- » tants, des fermes sans fermiers, et des hameaux pour rire. (2) » Mme de Pompadour promènera ses robes à queue sur les ponts rustiques de Trianon ; et plus tard une gracieuse reine, Marie-Antoinette, se délassera des ennuis de la représentation dans cette laiterie où elle fera des fromages.

---

(1) Vitet, Littérature et Beaux-Arts. — 1 vol. sur la théorie des jardins.
(2). Vitet, ibid.

Mais on trouva mieux encore que les toits de chaume et les chalets suisses. On imagina de tailler des arbres de façon à leur donner l'aspect d'un mouton accroupi (1). Voilà où en était venue la fureur des bergeries ; il fallait que tout devînt berger ou mouton, jusqu'aux arbres ! Et qui pouvait s'en plaindre dans un temps où les dames portaient dans leurs cheveux des petits bergers, houlette en main ? (2).

Vous le voyez, Messieurs, je ne vous dissimule pas les abus quelquefois ridicules du jardin anglais. Est-ce à dire qu'il faille condamner le genre d'une manière absolue ? Je ne le pense pas. Je crois seulement qu'il a, comme tous les genres, dans les lettres ou dans les arts, ses conditions et ses lois. Débarrassons les parcs de tous ces ornements hétéroclites, de tous ces monuments bizarrement rapprochés qui les déparent ; les petits effets, les petites surprises, les décorations théâtrales et romanesques sont d'indignes embellissements de la nature. Mais le goût ne défend pas de laisser aux jardins quelque chose de l'aspect irrégulier des bois et des vallées, de l'imiter même artificiellement, et de ménager à l'œil des perspectives inattendues. Ce système est surtout légitime, quand le terrain est naturellement accidenté. Ces plantations, d'ailleurs très favorables au plaisir de la promenade, sont une agréable introduction à une habitation élégante. Je dis une habitation élégante, parce que je crois le jardin anglais spécialement propre aux demeures des riches particuliers.

Quand la demeure est une demeure royale, un château, ou pour mieux dire, un palais, il semble que les allées à perte de vue, les imposantes avenues et les vastes ter-

---

(1). Vitet, idid.
(2). Le Mercier, *Tableau de Paris*.

rasses soient l'indispensable complément d'un tel séjour. Je ne sais si en cela je rencontre la pensée qui a inspiré la question à laquelle j'ai essayé de répondre. Mais si je regrette les allées droites et les quinconces, c'est surtout pour les habitations princières. Je crois qu'il faut réserver les majestés du jardin français pour les édifices qui en sont dignes; je sais que les Versailles en raccourci sont mesquins et ne sont pas faits pour de simples citoyens, et je n'oublie pas qu'on avait appelé Lenôtre le jardinier des rois.

A. BLANCHET.

AMIENS, IMP. DE E. YVERT.

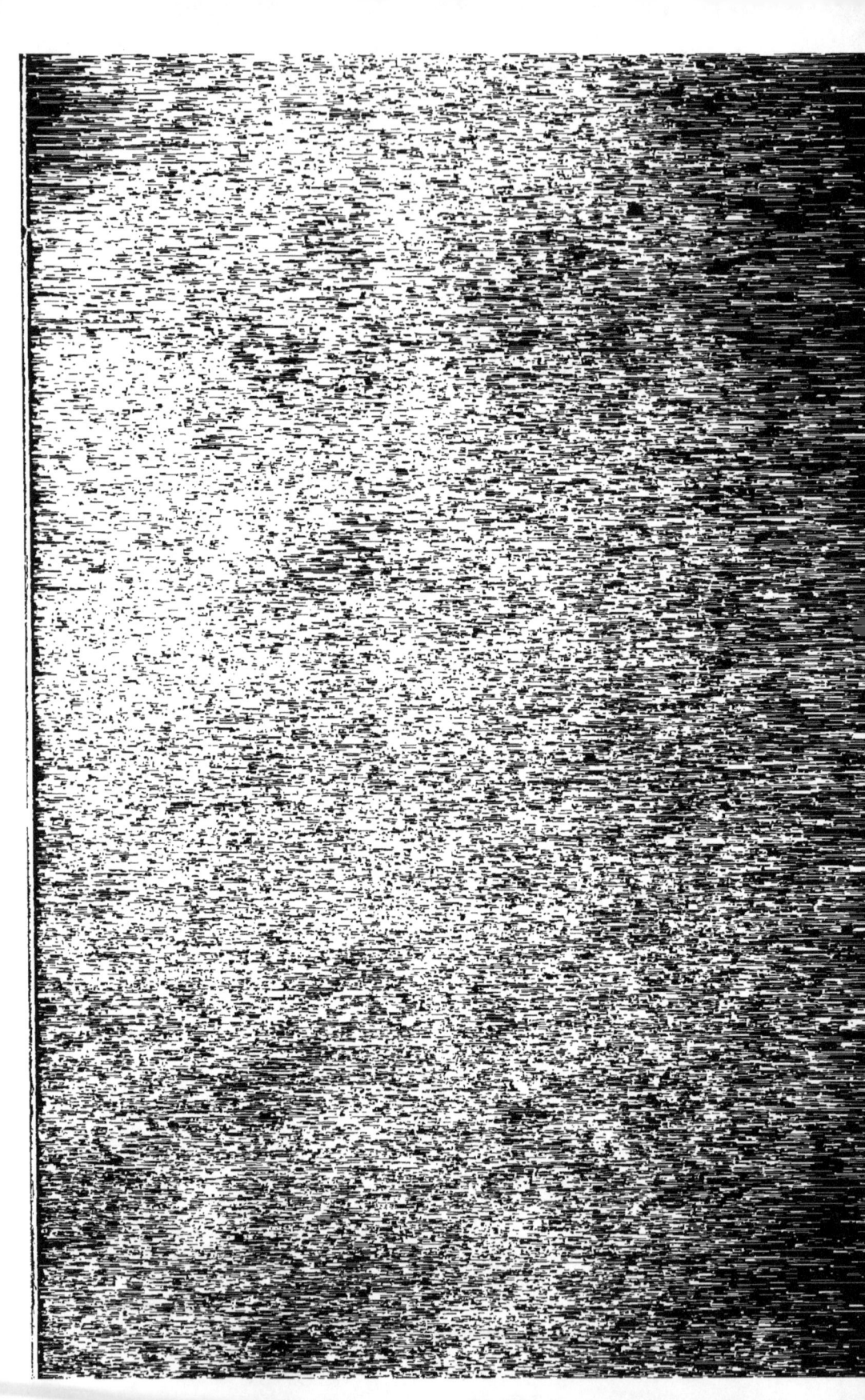

www.ingramcontent.com/pod-product-compliance
Lightning Source LLC
Chambersburg PA
CBHW070545050426
42451CB00013B/3186